PUEBLOS Y GENTES

La Revolución Industrial

Editorial Bruño

ISBN: 84-216-1152-6.
Depósito legal: M-15617-1990
Impreso en España - Printed in Spain
Impresión: MELSA.
Fotocomposición y fotomecánica: SERVIGRAFINT.

Índice

Lo que debes saber sobre LA REVOLUCIÓN INDUSTRIAL

El fenómeno histórico denominado Revolución Industrial, que comienza a manifestarse en Inglaterra en la primera mitad del siglo XVIII, supone —junto con los cambios que en la Prehistoria representó el Neolítico— uno de los dos procesos de transformación más importantes en la evolución histórica de la Humanidad.

Su importancia viene determinada, ante todo, por el hecho de que modificó en profundidad todos los elementos constitutivos de la vida del hombre sobre la Tierra. Elementos tanto materiales como mentales, que son, en definitiva, los más importantes. La Revolución Industrial que, como veremos, comenzó a producirse de forma definida en un muy reducido espacio del globo —como era y es Inglaterra— no habría de tardar en expandir-

se sobre la práctica totalidad de su superficie.

De su importancia trascendental da idea el hecho de que hoy mismo, en la era de avances técnicos que vivimos, cuando día a día las capacidades de la mente humana dan muestra de sus posibilidades, seguimos viviendo sobre las grandes líneas trazadas por aquella Revolución Industrial. El proceso que hizo posible su cristalización y su puesta en práctica efectiva es la materia de las páginas que siguen. A lo largo de ellas se anotan los principales hitos que jalonaron aquel proceso, las dificultades que hubieron de ser vencidas para realizar las modificaciones que la realidad ya exigía, y, por último, algunos de sus efectos inmediatos más destacados.

La anacrónica situación anterior

Siguiendo con la utilización del modelo inglés —el más perfecto en este ámbito— para la descripción del proceso, deben ser considerados los elementos clave que definían a aquel país en las décadas anteriores a la forja de la Revolución Industrial. Unos elementos que, en una medida variable, estaban presentes en los demás países del continente europeo durante la misma época.

La Inglaterra de los primeros decenios del siglo XVIII era bastante semejante a la de pasados siglos, a pesar de que en éste el interés por los avances de la ciencia habrá de manifestarse de forma muy señalada, dando lugar al que será llamado Siglo de las Luces.

En estos momentos, la inmensa mayoría de la población inglesa vive en el cam-

po dedicada a las duras tareas agrícolas. En efecto, las ciudades acogen todavía a un reducido porcentaje de la población total, que sigue desenvolviéndose en unas condiciones verdaderamente difíciles.

Los agricultores producen muy poco, debido al arcaísmo de los métodos de cultivo utilizados, que apenas se diferencian de los existentes en la Edad Antigua y conservados durante la larga Edad Media. Este bajo nivel de productividad hacía que estos habitantes del campo se alimentasen de forma muy deficiente, debido a la carencia de los productos necesarios para el desarrollo vital adecuado del cuerpo humano.

Tanto en el campo como en las ciudades las esperanzas de vida de hombres y mujeres eran muy bajas, y se calculaba que los ingleses tenían unas expectativas de vida de treinta años, siendo raros los

casos de longevidad. A esto debía añadirse el altísimo índice de mortalidad entre los recién nacidos, la mayor parte de los cuales no lograba sobrevivir más que algunos días.

A la mala alimentación existente se unían las condiciones que presentaban las viviendas y las calles de las ciudades y pueblos, donde sus habitantes hacían la vida cotidiana. Las casas de las ciudades eran infectas y no reunían las condiciones mínimas de salubridad. En el campo, la situación era todavía peor, ya que los

do la temida peste, que en época medieval había llegado a matar a partes considerables de la población europea. Junto a la peste, los años de malas cosechas significaban también las privaciones y la muerte por hambre para muchísimos. El hombre vivía, de esta forma, a merced de los elementos naturales, de los que dependía en su totalidad, y no era capaz de comenzar a amaestrarlos para defenderse de ellos y, al mismo tiempo, para extraerles todos los beneficios materiales que contenían, pero que eran todavía

trabajadores agrícolas en su mayor parte habitaban verdaderas cabañas o chozas hechas con materiales que a duras penas resistían las inclemencias del tiempo.

desconocidos.

Existían unas clases sociales beneficiadas por esta situación: eran la aristocra-

Condiciones de vida

En estas condiciones, la vida de los europeos se reducía, pues, a una breve duración en años jalonada por una interminable serie de privaciones y carencias. Cualquier enfermedad causaba unos daños espantosos, ya que la debilidad física de la población impedía que los organismos de las gentes pudieran defenderse ante el ataque de las infecciones. Todavía en esta época aparece de vez en cuan-

cia y los niveles más elevados del clero eclesiástico. A pesar de que eran los propietarios de la mayor parte de los bienes existentes —tierras, riquezas, etcétera—, su número era muy pequeño dentro del conjunto. Pero, al ser dueños de aquello que tenía algún valor, eran quienes decidían sobre todos los demás, que no tenían ninguna fuerza para oponérseles.

Esta negativa situación dominante se ponía de manifiesto a todos los niveles. Así, las actividades de los artesanos en las ciudades eran muy reducidas, y estaban dedicadas en su práctica totalidad a fabricar los objetos que aquellas clases privilegiadas utilizaban. Las actividades comerciales, que habían tenido gran importancia durante la Edad Media, se veían asimismo extremadamente reducidas, debido a la falta de productos que comprar y vender y al hecho de que la población no disponía de dinero para acceder a ellos.

Se vivía, de esta forma, en espacios cerrados. Es decir, cada comunidad

Puerto de Bristol (arriba, izquierda). *Familia real en la época victoriana* (abajo, izquierda). *Guardias reales* (arriba). *Interior del teatro Covent Garden de Londres* (izquierda).

—salvo las mayores ciudades existentes— producía todo aquello que sus habitantes necesitaban, y de esta forma no tenía que recurrir al intercambio con las demás. Ello hacía que los medios de transporte fuesen muy deficientes, escasos y —en muchos lugares— absolutamente inexistentes. Nadie se movía del lugar en que vivía, donde transcurría su breve vida en medio de unas privaciones a las que tampoco había forma de hacer frente de forma efectiva.

Este desolador panorama era el que presentaba la Europa que estaba dis-

puesta a lanzarse —de forma inconsciente— al largo y dificultoso proceso de la Revolución Industrial. Ésta haría posible una total transformación de todos los elementos hasta aquí observados, y abriría así una nueva etapa en la historia del mundo.

Las bases agrícolas

Como se ha apuntado, la inmensa mayoría de la población vivía de las tareas agrícolas, y ello explica el hecho de que los primeros resortes que iniciaron el proceso de transformación general tuviesen su origen en el campo. Inglaterra ofrece aquí los rasgos más definitorios, que habrían de producirse, en mayor o menor medida y bajo formas diferentes, en los demás países que conocerían una Revolución Industrial.

En la isla, dentro del conjunto de los propietarios agrícolas, dominaban por su número los dueños de un pequeño trozo de terreno, que apenas les servía para cultivar lo necesario para alimentar a su familia o animales. Algunos de estos pequeños propietarios lograban obtener algo más de lo mínimamente necesario, y se dedicaban entonces a venderlo a cambio de algún dinero o cosas de diferente naturaleza.

Junto a esta precaria situación general, destaca ya en esta época un reducido número de grandes propietarios de enormes extensiones de tierras. Son los herederos de los ricos de la época romana y de los que habían hecho su fortuna durante la convulsa etapa medieval. Será este sector —muy escaso en número pero poderosísimo económicamente— el que iniciará el proceso transformador de las estructuras de toda la sociedad.

Los pequeños propietarios, siempre situados en niveles próximos a la miseria, no contaban con los materiales —instrumentos, semillas y abonos— suficientes para hacer que sus tierras produjesen más. Carecían del capital necesario para ello, y además estaban fuertemente sujetos por los impuestos que la Corona y los señores feudales les exigían cada año. Todo ello producía una tendencia hacia el abandono de las pequeñas propiedades que eran adquiridas por los grandes terratenientes, que de esta forma extendían sus dominios a cambio de muy poco dinero pagado a sus propietarios originarios.

Así desaparece casi en su totalidad en el país la masiva clase social de los pequeños propietarios de tierras, que ahora conocen nuevos destinos. Por una parte, los elementos más decididos de entre ellos, y los que cuentan con mayores capacidades para el trabajo y la inventiva, alquilarán a los grandes propietarios tro-

Desfile militar en el parque londinense de Saint James (izquierda). *Explotación minera a comienzos del siglo XIX* (arriba).

zos de tierra para su cultivo, por contratos de arrendamiento que se transmiten de padres a hijos. Éstos serán quienes hagan posible la transformación en el campo que va a servir de base para la posterior era de auge de la industria y el comercio.

Pero la mayor parte de los agricultores se mantendrá en una situación perjudicial para su existencia. Al carecer de bienes y del impulso que tienen los anteriores, se verán obligados a trabajar como jornaleros a cambio de míseros salarios. De entre toda esta gran multitud saldrán los obreros de las industrias que están a punto de nacer.

Desde un punto de vista material, el aumento del tamaño de las propiedades agrarias obliga a modificar las técnicas de cultivo utilizadas desde tiempos inmemoriales. Ante todo, los nuevos propietarios expulsan a los que les han vendido sus terrenos y proceden a cercarlos con empalizadas, para delimitar con exactitud dónde comienza y dónde termina cada propiedad. El campo inglés se ve de esta forma jalonado por cercas de troncos, al contrario de lo que había sido hasta entonces, cuando toda la tierra estaba abierta y nadie cerraba su propiedad.

Los nuevos propietarios, o aquellos campesinos que les habían arrendado tierras para su cultivo, comenzaron pronto —inicios del siglo XVIII— a utilizar nuevas formas de cultivo. Ahora ya tienen dinero suficiente para comprar nuevas máquinas, semillas y abonos, y los efectos no tardan en manifestarse. Los productos del campo se cosechan ahora en unas cantidades jamás imaginadas, y los propietarios pueden dedicarse a vender todo lo que no precisan para su propio mantenimiento. Al mismo tiempo, la ganadería experimenta también un auge paralelo, ya que es posible alimentar mejor a los animales, extrayéndoles todos los productos y haciendo que se reproduzcan con mucha más frecuencia.

De la agricultura a la industria

El camino hacia la Revolución Industrial está, de esta manera, ya iniciado. Será necesaria la presencia sucesiva de una serie de circunstancias para que su desenvolvimiento tenga lugar a lo largo de los siguientes decenios.

Las actividades industriales y las comerciales eran hasta entonces, como se apuntaba al principio, muy reducidas. Solamente se producían en algunos lugares aislados, sin tener repercusiones exteriores dignas de mención. Los talleres artesanos existentes en las ciudades empleaban a un número muy pequeño de trabajadores, que hacían sus labores ayudándose con instrumentos que eran exactamente iguales a los utilizados en siglos anteriores, sin ninguna modificación. Pero ahora las transformaciones producidas en el campo van a hacer que la industria se desenvuelva para responder a las nuevas necesidades.

En efecto, el campo es ahora cultivado con una creciente racionalidad, que exige una maquinaria cada vez más alejada de la tradicional. Ello obliga a las mentes a desarrollar capacidades hasta ahora dormidas, que tratan de enfrentarse a las nuevas necesidades en la forma adecuada. Sin darse cuenta de ello, los ingleses comienzan a vivir una nueva época que va a modificar toda su historia y la del mundo.

La Revolución Industrial va naciendo no como un plan general preparado en su totalidad por una programación previa. No es, de esta forma, obra de unos hombres que se plantean cuestiones dentro de un marco general dado. Por el contrario, todo este complejo y rico proceso es efecto de la serie de respuestas individualizadas que se dan a las exigencias planteadas por cada caso en particular. Esto, naturalmente, es fácil de observar desde una perspectiva actual, y debe tenerse siempre presente a la hora de considerar como un todo el fenómeno que está iniciándose.

Llegado este momento, los pequeños talleres artesanales existentes son totalmente incapaces de fabricar todos aquellos instrumentos que las modernizadas tareas agrícolas exigen día a día. Ahora, los ricos propietarios disponen de los capitales necesarios para pagar los objetos que necesitan, y los fabricantes pueden de esta forma ampliar sus instalaciones, en la seguridad de que van a vender todos los productos que fabriquen.

Junto a esto se generan nuevas necesidades de consumo hasta entonces no conocidas. Las nuevas clases sociales que están en posesión de los capitales originados por las tareas agrícolas exigen día a día objetos que, hasta muy poco tiempo antes, solamente estaban destinados a los aristócratas. Se trata de alimentos, vestidos, materiales para la vivienda —que cada vez es más cómoda y agradable—, etcétera. Estas nuevas exigencias impulsarán también la aparición de fábricas de todos estos productos.

La Inglaterra que va entrando en el siglo XVIII, durante sus décadas medias ya tiene muy poco que ver con la inme-

diatamente anterior. Ahora, el aspecto de los bosques y campiñas es totalmente distinto. La aplicación de nuevos sistemas de cultivo hace que las tierras se hallen en producción permanente, ayudadas por las nuevas máquinas traídas de las fábricas.

Las ciudades experimentan un vertiginoso crecimiento, debido a una serie de causas que vienen a coincidir en estos momentos.

Por una parte, se ha producido un gran movimiento emigratorio desde el campo a los centros urbanos, donde la gente espera poder conseguir unas mejores condiciones de vida y de futuro. Por otra, las transformaciones experimentadas por las formas de vida han fomentado el aumento general de la población.

Ahora, la edad de las personas vivas es cada vez más avanzada. Ello se debe a la mejora de la alimentación que reciben y de las viviendas que habitan. También debe señalarse el descenso de la mortalidad infantil, lo que hace que la población inglesa se duplique en muy pocos decenios. Un nuevo país está naciendo. La Inglaterra arcaica de hace tan poco tiempo está dando paso a la industrializada, jalonada de vías de comunicación, ajetreada con actividades de todo género, que acabará convirtiéndose en el verdadero centro del mundo.

El perfeccionamiento de las tareas industriales

El fuerte e incesante aumento de las actividades industriales hace que cada vez vayan haciéndose más complejas. Las que hasta ahora eran tareas simples van complicándose y dividiéndose en ramas especializadas, en busca de un mayor perfeccionamiento de los productos resultantes. Los hombres que trabajan en esto dan un vuelco espectacular en la idea de las actividades humanas.

Hasta ahora el hombre se había limitado a aprovecharse —muy poco y de forma no siempre adecuada— de las posibilidades que le ofrecía la naturaleza. También debía protegerse de esta naturaleza, que en muchas ocasiones ponía en peligro su misma existencia. Ahora, la realidad comienza a ser radicalmente distinta.

La nueva industria, nacida de la situación creada, exige recursos que solamen-

Puerto de Liverpool hacia 1845 (izquierda). *Vista de Londres con el Támesis y la Torre* (abajo).

te pueden proceder de la naturaleza. Y los hombres encargados de ello se ponen a la tarea de descubrirlos, perfeccionarlos y aplicarlos en los planos prácticos. Los artilugios mecánicos que nacen a lo largo de esta época están destinados, ante todo, al tratamiento adecuado de los productos procedentes de la naturaleza, hasta ahora desaprovechados.

Nuevas materias primas pasan a ser objeto de tratamiento industrial, y cada vez su presencia es más abundante y eficaz. La nueva industria busca día a día nuevas fuentes de energía natural, que ahora va a ser instrumentada en beneficio del ser humano. En esta febril Inglaterra en transformación destacan ante todo dos sectores de actividades, diferen-

to del carbón son cada vez más elaborados y, consiguientemente, cuestan cada vez más.

La creación de la máquina de vapor, que va siendo cada vez más perfeccionada, sirve como hito más ilustrado de esta etapa de explosión de las actividades industriales. Ahora, el vapor, controlado y dirigido en la forma adecuada, va a convertirse en factor de fundamental importancia para crear la fuerza capaz de mover los artilugios que día a día van apareciendo.

Una población cada vez mayor en número, y con más posibilidades económicas al mismo tiempo, exige productos cada vez más diferentes y de elaboración más complicada. En la fabricación de las

tes pero complementarios entre sí: la industria textil, por una parte, y la industria del hierro, por otra. Ambas inauguran una nueva época en las relaciones del hombre con la naturaleza.

La construcción, que se extiende por toda la isla, hace necesario contar con el hierro preciso para las estructuras. Los diseños arquitectónicos son cada vez más atrevidos y ofrecen imágenes hasta entonces nunca pensadas. La industria del tratamiento del hierro impone una serie de revolucionarios cambios en la extracción del carbón. Ahora, las minas —de las que existen muchas en Inglaterra— son excavadas mediante nuevos y costosos instrumentos, para conseguir unas cantidades y calidades, cada vez mayores y más perfeccionadas. La nueva minería hace, por su parte, necesaria la invención de nuevos artilugios mecánicos, y los equipos de extracción y tratamien-

piezas de ropa de uso habitual, la tradicional lana inglesa es sustituida por el algodón. La industria textil conoce entonces una expansión memorable, y la aplicación a ella de las nuevas técnicas derivadas del uso de la máquina de vapor hace que bajen los precios de las prendas confeccionadas. De esta forma, muchas personas que hasta entonces había vestido pobremente acceden por vez primera al uso de prendas de vestir dignas y adecuadas.

Otras industrias van estableciéndose en la isla, centrándose sobre todo en las zonas donde existen las minas de carbón, para tener cerca esta fuente de energía, necesaria para impulsar todo el proceso de producción. Se multiplica la elaboración de objetos de materiales no ferrosos, de las cerámicas, los muebles, los productos químicos y los alimenticios. Los productos naturales destinados a la alimentación humana son extraídos, transportados, vendidos y consumidos. Pero ahora el perfeccionamiento de las técnicas hace que la conservación de estos productos sea una realidad, para su almacenamiento y transporte a lugares alejados.

Los pequeños talleres van desapareciendo en medio de este verdadero vendaval que arrasa con las viejas estructu-

---

De izquierda a derecha: *La reina Victoria ante la catedral de San Pablo; un telar de la época; pintura alusiva a la Revolución Industrial titulada* Carbón y acero; *una tarjeta de felicitación navideña editada en el siglo XIX.*

ras y decaídos usos, para instaurar un nuevo orden que —se espera— va a ser mejor para todos. La realidad, sin embargo, va a ser muy diferente, y la existencia de las gentes que viven estos momentos va a verse sometida a la acción de nuevas fuerzas que dependen de las circunstancias dominantes en cada momento.

Las consecuencias materiales

La invención del ferrocarril, impulsado por la fuerza del vapor controlado, supondrá un hito verdaderamente importante dentro de este gran proceso. Hasta estos momentos, Inglaterra solamente contaba con malos caminos y canales abiertos para la navegación y el transporte de personas y mercancías. Como se

apuntaba antes, apenas existían hasta principios del siglo XVIII relaciones entre las distintas regiones y comarcas, por lo que las vías de comunicación eran muy precarias, en el caso de que existiesen. Había muchas zonas de Inglaterra que por entonces se encontraban totalmente aisladas, subsistiendo con los medios naturales con que contaban y viviendo en unas condiciones que ahora iban a cambiar radicalmente.

Las primeras experiencias ferroviarias se remontaban ya a fines del siglo XVIII, tanto en Inglaterra como en los Estados Unidos, la otra gran potencia naciente más allá del océano Atlántico. Pero será en los inicios del XIX, una vez terminado el período bélico de las guerras napo-leónicas, cuando la aplicación de los experimentos alcance formas reales dirigidas hacia una aplicación práctica.

Las primeras vías férreas se construyen a partir de las zonas mineras y dirigiéndose hacia los puertos. Más adelante, la red se ampliará hasta cubrir la práctica totalidad del territorio insular. En el año 1830, cuando la Revolución Industrial se encuentra en pleno auge, es inaugurada la línea férrea que enlaza las ciudades de Manchester y Liverpool, que son los centros industriales y mineros más importantes del país.

El ferrocarril había sido inicialmente concebido como un medio de transporte más, que viniese a completar la red de caminos y canales ya existente. Pero muy pronto, con la puesta en funcionamiento de las nuevas vías, va a ir alcanzando una importancia tal que le va a convertir en el principal sistema de

transporte. No pasarán muchos años antes de que los trenes sean los encargados de realizar las tareas de transporte de la mayor parte de los materiales, tanto las materias primas destinadas a su utilización en la industria como los productos manufacturados que salen de las fábricas para su venta al público.

La instalación de las vías férreas cuesta grandes cantidades de dinero, que solamente las empresas más fuertes o el Estado son capaces de reunir. Pero, además de su influencia material, el ferrocarril actúa como un elemento de especial importancia dentro del proceso de transformación de las mentalidades y las formas de pensar que tiene lugar como consecuencia de la Revolución Industrial.

En efecto, los trenes, además de las mercancías, transportan a las personas. Éstas, que hasta ahora habían vivido sin moverse del lugar en que habían nacido, tienen la oportunidad de conocer otros lugares y observar costumbres para ellas desconocidos e ignorados. El paisaje inglés se modifica con el tendido de las líneas férreas, de forma paralela al proceso seguido por las mentalidades de sus habitantes. Ahora, el pasajero puede moverse y conocer mundo, superando las limitaciones que le tenían atado, y con ello enriquece su experiencia vital y amplía la visión que había tenido hasta entonces.

Las ciudades son ahora los grandes centros decisores. Constituyen enormes extensiones de terreno edificado, organizado por barrios que están distribuidos según las clases sociales que los han elegido para vivienda. Así, la aristocracia y los sectores burgueses más adinerados construyen sus lujosas viviendas en las zonas más aireadas, fuera del alcance de los humos procedentes de las fábricas de los arrabales. Por el contrario, la población trabajadora —que cada vez es mayor en número— se hacina en oscuros y húmedos barrios llenos de insanas callejuelas, pero próximos a las fábricas donde todas las madrugadas deben acudir para el trabajo cotidiano.

Las ciudades inglesas del período de la Revolución Industrial, igual que las de los demás países unos años más tarde, ofrecen en general un deslumbrante aspecto, que nada tiene que ver con los antiguos burgos que las habían precedido. Ahora, la ciudad originaria es ya solamente un casco antiguo, situado generalmente alrededor de la catedral, y económicamente decaído. Los nuevos barrios son los que atraen a los comerciantes a instalar en sus calles los establecimientos de venta, ante cuyos escaparates desfilan todos los nuevos inventos que el hombre está creando para facilitar su transporte, desde las caballerías a los carros.

Una locomotora construida en Inglaterra en 1829 (izquierda). *Interior de la Exposición Universal celebrada en Londres en el año 1851* (arriba).

Las ciudades industriales y portuarias son las que experimentan un mayor auge, debido al fuerte aumento de su población y a la riqueza material que todas estas actividades generan. Muy pronto, Inglaterra se convierte en un país cuya población se concentra en las ciudades, mientras que el campo se despuebla irremisiblemente. Londres se convierte en la mayor metrópoli del planeta y, junto a ella, otras grandes aglomeraciones jalonan el territorio de la isla: Manchester, Birmingham, Liverpool, Glasgow, etcétera.

Pero ahora las autoridades se encuentran también ante una serie de graves problemas que deben resolver de forma inmediata. La masiva inmigración de campesinos a los centros urbanos hace necesario responder a las nuevas necesidades que brotan en todos los terrenos. Se trata de solucionar los problemas de vivienda, sanidad, educación y muchos otros, además de los alimenticios. Ello convierte a los centros urbanos en verdaderos hormigueros de actividad, donde centenas de millares de personas se afanan de la mañana a la noche en sus respectivas tareas. La rapidez y la prisa son la tónica general dominante, que viene a sustituir a la paz y la tranquilidad características del Antiguo Régimen.

Los autores materiales de este fundamental proceso de transformación de todas las estructuras de un país no son idénticos entre sí, como pudiera pensarse al estudiar los efectos de su acción. Por el contrario, los que dirigen los mecanismos básicos de la Revolución Industrial son elementos de muy distinta procedencia y carácter. Hay grandes hacendados y ricos mercaderes, pero también propietarios medianos e incluso miembros progresistas del clero de la Iglesia de Inglaterra. Lo que mantiene unidos a todos ellos en esta fenomenal empresa que es la puesta en marcha de la Revolución Industrial es, ante todo, el interés por conseguir las máximas ganancias de los bienes que ellos aportan para la operación.

El trabajo de todos los que intervienen en la tarea, desde los grandes potentados hasta el más humilde obrero, es duro y mantenido. Nada debe ser dejado de lado en esta tarea de construcción de un nuevo orden. De esta forma, el curso de algunos decenios —menos de un siglo— convirtieron a Inglaterra en un país que muy poco tenía que ver con el del inmediato pasado. Fenómeno éste que va a reproducirse en varios países más.

Hacia un mundo nuevo

Páginas atrás se apuntaba el hecho de la gran transformación experimentada también por las mentalidades. Ahora, con la Revolución Industrial, se delinean ya los grandes rasgos que todavía hoy definen a las sociedades de los países desarrollados. El fenómeno más importante es el dominio de la clase social que es dueña de las tierras y de las fábricas: la burguesía, que muy pronto se hará con todo el poder económico y político, apartando de él a la aristocracia, situada ya en plena decadencia en este momento.

La burguesía, ahora enriquecida con la Revolución Industrial, controla a toda la sociedad, pero muy pronto se va a ver obligada a enfrentarse a un poder muy fuerte, que se convertirá en permanente adversario: las clases trabajadoras.

La Revolución Industrial se basa ante todo en el aprovechamiento al máximo del trabajo de las personas que ponen sus brazos al servicio del dueño de las fábricas. En los momentos de mayor auge, incluso las mujeres y los niños de corta edad se verán obligados a trabajar en condiciones extremadamente duras a cambio de unos jornales que apenas les dan lo suficiente para no morir de hambre.

En las fábricas y en las explotaciones de toda clase, los capataces representan de forma inmediata a la autoridad, y en la mayor parte de los casos tratan a los trabajadores de forma inhumana. Esta situación no tardará en crear entre las masas obreras un sentimiento de protesta, que muy pronto se convertirá en la exigencia de nuevas condiciones de trabajo, salarios adecuados, seguros de enfermedad, muerte y retiro, y muchas otras.

Cuando los países más avanzados se pueblan de fábricas y horadan sus suelos en busca de nuevos minerales con los que hacerlas funcionar, ya las clases obreras están elaborando sus propias asociaciones. Las huelgas, las manifestaciones y las protestas van a jalonar de esta forma la existencia de los países industrializados, que cada vez son más en número.

La Revolución Industrial pasa muy pronto al continente europeo, y llega a Bélgica y a Francia, mientras ya germina con plenitud en los Estados Unidos. Más tarde brotará con fuerza en Alemania y en Japón y, a lo largo de los últimos años del siglo XIX, será dominante en las regiones que se encuentran preparadas para implantarla.

Para entonces, la incesante búsqueda de materias primas ha hecho que las potencias industriales se lancen a una voraz expansión territorial que va a suponer el reparto del mundo entre ellas. Inglaterra, la pionera del movimiento, se adelanta a todas las demás y constituye un Imperio colonial que se extiende sobre enormes extensiones de todos los continentes. En menor escala, Francia, Alemania y otros países europeos proceden a seguirla en esta tarea.

Así, el mundo queda abierto a la acción directa de la Revolución Industrial. Un pequeño número de países se erige en decisor de los destinos de todos los demás, que le aportan los bienes naturales necesarios para que las fábricas sigan produciendo materiales de toda clase. Esta es una situación que se prolonga hasta nuestros días, y que resulta posible observar de forma directa. Existen países ricos y países pobres. Los ricos son aquellos que han conseguido llevar a cabo una Revolución Industrial; los demás no han podido hacerlo o lo intentan en medio de grandes dificultades. Un legado directamente recibido desde aquellos lejanos días del siglo XVIII, cuando las cosas comenzaron a ser distintas a como lo habían sido hasta entonces.

EL TREN DE LIVERPOOL

Nota del autor antes de leer este cuento:

En las páginas que siguen he tratado de reconstruir, mediante un relato de ficción, el ambiente en un pueblecito inglés de las proximidades de Liverpool hacia el año 1830, cuando fue inaugurada la línea férrea que enlazaba las ciudades de Manchester (el principal centro industrial inglés) y Liverpool (el puerto más importante de la época).

Aquellos personajes anónimos, a los que he procurado retratar y dar nombres y apellidos, vivieron, sin ser conscientes de ello, un hecho trascendental en el campo de los transportes y de la industrialización de comienzos del siglo XIX.

1

ACE más de dos años que la familia Rawling ha abandonado su lugar de origen, en el campo verde intenso de la comarca de Mansfield. Allí los abuelos, y los abuelos de sus abuelos, han trabajado desde siempre en las tareas de siembra y recolección. Todo parecía ir bien —o, al menos, así lo recordaba Jack— hasta que aparecieron los hombres que se pusieron a levantar unas vallas que dividían los sembrados y pastizales, impidiendo así que los campesinos pudiesen seguir con sus tareas habituales.

Durante los días siguientes, los mayores se encerraron en la cocina para hablar en voz baja de cosas que los pequeños no eran capaces de comprender.

—¿Qué pasa? —le preguntó una mañana Jack a su hermana mayor, Maggie, que parecía más enterada de todo que él.

—No digas que te lo he contado —le contestó ella—, pero creo que nos vamos a ir de aquí muy pronto.

—¿Irnos? —había exclamado él, cada vez más confundido—. ¿A dónde? Y, ¿qué haremos allí, si aquí estamos bien...?

Un domingo al mediodía, el padre les habló en la mesa, y les dijo que en las próximas semanas se irían a vivir a un lugar junto al mar. Él trabajaría en una gran fábrica y tendrían una bonita casa, mucho mejor que ésta que habitaban, tan

vieja, tan oscura y húmeda. Jack y sus hermanos pequeños se pusieron a dar gritos de alegría: nunca habían visto el mar y ahora estaban a punto de conocerlo. No se dieron cuenta de la tristeza que llenaba las caras de los padres y los abuelos.

—Nosotros nos quedaremos aquí. Solamente los jóvenes marcharéis a las nuevas tierras. A los viejos sólo nos queda esperar nuestro final en el mismo lugar donde vivieron y murieron nuestros padres... —dijo calmadamente el abuelo, y la abuela le indicó rápidamente que se callase.

En los oficios de la tarde todos los compañeros de la escuela hablaban de lo mismo, calculando que *allí* serían también vecinos, y que en las tardes libres y en vacaciones podrían ir a bañarse en el mar.

Desde entonces han pasado dos duros inviernos durante los cuales han vivido en barracas de madera que las primeras lluvias de septiembre agujerearon, permitiendo que la helada llovizna entrase en todo momento y mojase la cocina, las ropas y los rudos camastros que la familia ocupa para dormir. El padre trabaja en la fábrica desde el principio, y todas las mañanas —cuando todavía no ha ama-

necido— un enorme carretón le lleva, junto con sus compañeros, al lugar donde se encuentra, distante varias millas.

Jack nunca ha visto la fábrica y se la imagina como una construcción rara y maravillosa a la vez. Muchos domingos ha pedido a su padre que le lleve a verla, aunque sea de lejos, pero siempre recibe la misma constestación:

—Cuanto más tardes en ver una fábrica de cerca, mejor será para ti.

Eran palabras que Jack no comprendía, y que excitaban a la vez su curiosidad y su miedo.

Aquí, entre estos barracones, rodeados por familias totalmente desconocidas, los Rawling han tenido que iniciar una nueva vida. Desde el principio han esperado —como los demás— la nueva casa con ilusión. Han esperado la casa y todo lo que aquellos señores de la ciudad, tan arrogantes y tan bien vestidos, les habían prometido antes de trasladarles —junto con sus pobres y escasos objetos caseros— hasta estos barracones que están a punto de caerse.

La realidad ha sido bien distinta. No han encontrado escuela y, ni siquiera, una iglesia donde reunirse para rezar y cantar los domingos por la tarde. Los días transcurrían largos y monótonos. La madre y la hermana faenaban por la mañana, y por la tarde Maggie daba clase a sus hermanos y a los hijos de algunas familias vecinas.

—No debéis olvidar lo que el señor Gaskell os ha enseñado —les decía siempre— y muy pronto tendréis una escuela nueva, bonita y luminosa.

De pronto, han comenzado las obras y, en muy pocos meses, donde hasta entonces no había más que pastos y cultivos de cereales, se elevan extraños conjuntos de viviendas. Se trata de círculos concéntricos formados por calles con casitas pequeñas, todas exactamente iguales. Una gran masa de ladrillo rojo oscuro ha pasado así a formar parte del paisaje. Los Rawling han sido de las primeras familias en trasladarse a su nuevo hogar.

Dentro de la casita que les han adjudicado, las mujeres se esfuerzan todo lo posible por quitar la espesa capa de polvo que cubre hasta los más escondidos rincones. Todavía flota por todas partes el fuerte olor de la obra húmeda y recién terminada. Las gruesas velas de sebo esparcen su turbia luz y grasiento olor desde los recipientes de barro donde están colocadas.

—Jack, estáte quieto y vigila que tus hermanos no hagan algo que no deban —dice la madre, para añadir enseguida—: ¡Dios mío, no sé cómo vamos a arreglarnos para dormir hoy aquí! Deberían habernos dado más tiempo…

—No te preocupes, mamá —contesta desde el fondo la siempre tranquila Maggie—. Enseguida instalaremos los colchones y mañana, desde bien temprano, nos pondremos a la tarea en serio. Piensa que peor están, por ejemplo, los Chapter, que todavía tendrán que seguir viviendo en los barracones.

Durante los días siguientes, Jack trata de encontrar a sus amigos en medio de la confusión general que se ha originado en este verdadero laberinto de casitas idénticas. Antes de salir, su madre siempre le insiste:

—No olvides que nuestra casa es la 79. Procura recordarlo, o te perderás y no llegarás a tiempo para la comida.

El muchacho, curioso e infatigable, se ha lanzado por estas calles torcidas, que tienen el piso convertido en un barrizal que impide el paso de los carros y carretas cargadas de todo tipo de enseres domésticos. Muchas familias están instalándose al mismo tiempo que la suya, y los gritos de mujeres, las palabrotas de los hombres, los lloros de niños y los relinchos de animales de carga llenan el aire de forma ensordecedora.

Tras casi una hora de búsqueda, Jack consigue ver a su amigo Pete arrastrando un gran fardo de ropa hacia una de las casitas, la 126. Juntos, deciden hacer una inspección hasta el final de la calle que parece más ancha que las demás. Tras dejar atrás los ruidos y la polvareda ascienden hasta una colina donde terminan las construcciones. Ante ellos se despliega un ancho paisaje llano, sin apenas un montículo que rompa la monotonía verde del campo y el color oscuro de los bosquecillos desperdigados aquí y allá. Al fondo, hacia la derecha, una rara construcción muy oscura se eleva sobre el blanquecino cielo. Tiene varias torres muy juntas que, mirando con atención, son como enormes chimeneas de un tamaño que los muchachos nunca hasta ahora han visto.

—Esa debe ser la fábrica donde trabajan nuestros padres. Un día nos acercaremos a verla. Esas chimeneas parecen aún más altas que la torre de la iglesia allá en la aldea...

Se ha abierto una escuela, pero no es luminosa, como había dicho Maggie, sino oscura y fría, y todos los chicos se alegran cada tarde cuando pueden abandonarla de vuelta a casa. Aquí, Jack ve cada vez menos a su padre. Cuando regresa al pueblo con la caída de la tarde, no se sienta como antes a fumar su pipa frente al fogón, sino que se le ve charlando y bebiendo en alguna de las muchas tabernas que han brotado en casi todas las esquinas. Cuando aparece para cenar tiene siempre los ojos muy brillantes y habla en voz muy alta, tanto que su mujer tiene que decirle a cada rato:

—John, baja la voz, no necesitas gritar tanto para que te oigamos. Por cierto, ya sabes que tenemos que terminar el corral del patio. Hace ya semanas que has dicho que lo acabarías cualquier tarde, pero como siempre te retrasas al volver...

Pero su marido apenas la escucha y gasta bromas a los hijos, levanta en alto a los gemelos y simula con Jack un combate de boxeo. Pero cuando la madre le insiste para que se siente de una vez en la mesa, le contesta bruscamente, de una forma que los niños nunca hasta ahora habían visto.

—¡Déjame en paz, mujer! ¿Es que no puedo divertirme un poco a la vuelta del trabajo? ¿Acaso me vas a prohibir que tome algunas cervezas con mis compañeros? —le grita, y añade con amargura—: No voy a pasarme encerrado en casa todo el tiempo que no estoy entre el hierro y el fuego...

El padre casi nunca habla de su trabajo, pero Jack ha podido enterarse de que es muy duro. Los obreros de la fábrica se pasan el día trabajando en llameantes hornos a los que arrojan el mineral traído de lejanos yacimientos. Una vez se-

paradas la tierra y las piedras, convierten el hierro en algo blando a lo que dan forma en grandes moldes. Fabrican largas tiras de brillante metal que van a ser utilizadas —¿quién sabe cómo?— para construir esos *caminos de hierro* de los que todo el mundo habla.

Nadie sabe con exactitud lo que serán estos misteriosos *caminos*, pero parece que es algo maravilloso, y que van a sustituir a las pesadas y destartaladas carretas que son utilizadas para los transportes de personas y de todo género de cosas.

—Se dice —comenta un día en clase el nuevo maestro— que a no tardar van a hacer pasar uno muy cerca de aquí, para que una Manchester con el puerto de Liverpool. Veremos si es verdad, ya que esto beneficiará a todos.

Los alumnos no saben a qué beneficios puede referirse el maestro, pero todos se sienten orgullosos de que sus padres estén trabajando en una obra tan importante. En las tiendas, en las calles y tabernas y en las reducidas cocinas de las casas no se habla de otra cosa. El ferrocarril aparece como una gran promesa del futuro, capaz de mejorar la existencia de todos, tan gris y triste en medio de largas jornadas pasadas en la oscuridad del invierno.

—Papá, ¿cómo es por dentro la fábrica? —ha preguntado Jack uno de los raros días en que su padre ha regresado a casa más temprano y con los ojos menos brillantes que de costumbre.

—La fábrica es un monstruo, una enormidad horrible que nadie que no la haya visto al natural podría imaginarse. El fuego convierte el hierro en una verdadera crema, como las que mamá hace de espárragos o de setas. Pero es una crema que si la tocas te deja sin mano por lo hirviente que está. Su color es rojo, pero tan intenso que te abrasa la vista con sólo mirarlo un momento... —le ha contestado su padre con voz lenta y se diría que irritada. —Sí, hijo —termina—, no es nada bonito, como tú puedas creer. Ojalá no tengas nunca que trabajar allí—. Y ha lanzado una larga mirada a la madre que, desde su rincón y sin levantar la cabeza de la costura, no ha perdido palabra de la conversación.

2

IENTRAS tanto, el nuevo pueblo va cobrando vida con el paso de los meses. En primavera se inaugura la nueva iglesia. Con su campanario terminado en pico, se parece bastante a la que Jack ha conocido desde siempre, allá en la aldea, en la que sus padres se habían casado y él y sus hermanos habían sido bautizados. Pero esta iglesia no tiene el encanto ni el misterio de aquélla; aquí no hay rincones oscuros apenas iluminados por la escasa luz que entra por los estrechos ventanales. En ésta todo es demasiado nuevo, y durante meses huele a ladrillo y mortero, mientras las paredes y el techo muestran grandes manchas de humedad, que no se secarán hasta el mes de julio.

Además, alrededor del poblado, han surgido de la nada, se diría que de la noche a la mañana, grandes talleres en los que se oyen a lo largo de todo el día fuertes golpes metálicos. Nuevas familias siguen llegando a instalarse en las inmediaciones, ocupadas por nuevos barracones de madera, a la espera de la terminación de las nuevas casas. Éstas son todavía más pequeñas que la que ocupa la familia de Jack.

—No sé en qué se va a convertir esto. Dentro de poco parecerá el mismo Shee-field o incluso Manchester, como siga llegando tanta gente cada día que pasa —dice una vecina, mientras mira cómo los obreros ponen un piso firme en la calle.

Ahora ya no será un nido de polvo insoportable siempre, o de barro tan pron-to caen dos gotas de lluvia.

Vendedores de todos los artículos imaginables ocupan ahora los lugares más transitados de las nuevas aceras. Al principio, las amas de casa debían comprar los alimentos a los campesinos que exponían los productos en los bordes de sus carros o en unas tablas sobre la calle. Ahora, como en una verdadera ciudad, se han ido abriendo nuevas tiendas con grandes adornos en sus escaparates.

—Mira, mamá, qué perfumería hay allí enfrente. ¡Vamos a verla! —dice du-rante un paseo la joven Maggie, no sin antes lanzar una ojeada al escaparate de una nueva tienda de tejidos, que muestra telas diversas con los tenues colores de la primavera inglesa.

Últimamente, hasta las tabernas ofrecen mejor aspecto que antes, cuando eran solamente oscuros barracones con largos bancos corridos a lo largo de las paredes, donde se sentaban los hombres, que apoyaban los codos y las jarras de cerveza en groseras mesas de madera apenas desbastada. Y todo ello oscuro y lleno de humo insoportable procedente tanto de las pipas de los fumadores como de las velas que apenas iluminaban los lóbregos interiores.

En casa de Jack la situación también ha mejorado en muy poco tiempo. El padre, que ha sido ascendido en su trabajo en la fábrica, trae más dinero a casa cada semana, y la vida es mejor, mucho mejor que antes. Los domingos y los días festivos, la madre puede ahora, feliz y radiante, colocar sobre la mesa una amplia fuente en la que un pollo asado o un gran pedazo de cerdo aparecen rodeados de gran cantidad de patatas hervidas, guisantes, zanahorias, cebollas y alcachofas. Los peores tiempos parecen haber pasado.

En las estrechas habitaciones del piso de arriba, las camas de la familia ya tienen colchones de borra, que han sustituido a los de dura paja de antes. El dormitorio de los padres tiene un armario donde se guarda la ropa buena de toda la familia, y Maggie incluso dispone en un cuartito de un pequeño tocador con un espejo de marco pintado en color rosa, que su padre le ha traído como regalo la última vez que ha estado en la ciudad.

El verano pasado han venido al pueblo los abuelos, de los que apenas se acordaban los hermanos más pequeños. Son ahora dos ancianos muy arrugados, que hablan con voz cansada.

—Allá, en la aldea, apenas queda nadie. Solamente los viejos seguimos ocupando unas casas que cada vez están más ruinosas. La juventud se ha marchado, como vosotros, y ya nadie se ocupa de las tareas del campo. El ganado casi ha desaparecido... —dice el abuelo, mientras llena otra vez su vieja pipa de porcelana grisácea.

Jack comprende así por qué cada día ve en las calles gente nueva que acaba de llegar. Todos vienen del campo en busca de una vida mejor, pero muchos se quejan de que ya no existe la tranquilidad de antes. Aquí todo son prisas, y la madre muchas veces añora aquellos días pasados en medio de la naturaleza, con amaneceres tranquilos y largos crepúsculos, cuando siempre se sabía que el día siguiente iba a ser como el anterior, y todo en medio de una dulce paz.

—Ahora apenas mueren aquí recién nacidos —afirma Maggie, que trabaja algunos días a la semana en la sala de curas del hospital que acaban de abrir frente a la iglesia—. Antes morían muchos, ¿verdad, abuela? —pregunta, interesada.

La anciana asiente en silencio, y un velo de tristeza cubre su pálido rostro. De cuatro hijos que trajo al mundo, solamente Margaret, la madre de Jack, logró pasar de la infancia. Incluso Jack y Maggie ignoran que han tenido dos hermanos más. Sus padres siempre les han ocultado que antes de ellos habían nacido dos pequeños que apenas llegaron a vivir unos días.

Pero en medio de este clima de progreso y bienestar, muchos sufren los efectos de la nueva vida en sus aspectos más negros. La vida patriarcal ha desaparecido para dar paso a condiciones muy duras, que exigen un esfuerzo nuevo cada día. Una tarde, Jack se ha acercado al grupo en el que está su padre, ya que la madre le ha enviado a buscarle para que venga a casa a cenar. En el centro de la mesa el pelirrojo Bill Heysham habla con rotundidad a los que le rodean:

—Si piensan que vamos a dejarnos la piel en la fábrica a cambio de la miseria que nos pagan, están muy equivocados. Los patronos se enriquecen a costa de nuestras vidas y no nos pagan siquiera la más mínima parte de lo que debieran. He oído que en algunos lugares los compañeros ya han comenzado a organizarse para defender los intereses de todos. Creo que aquí deberíamos hacer algo parecido.

Los que le escuchan asienten con fuertes movimientos de cabeza a sus palabras, y se enzarzan en animadas discusiones sobre horas de trabajo, condiciones materiales, salarios y otras cosas de las que Jack no entiende nada.

Jack puede ver todas las mañanas temprano, cuando bajo la persistente llovizna se dirige hacia la escuela, grandes filas de niños, muchos de ellos menores que él, muy pobremente vestidos, que son conducidos por hombres de hosco aspecto hacia las afueras de la población, allá donde se levantan varias fábricas de vidrio y cartonajes.

—¿Quiénes son? ¿Por qué les llevan así, en lugar de ir a la escuela? —ha preguntado un día a la hora de comer.

—Son unos pobrecitos desgraciados a quienes sus padres tienen que poner a trabajar desde muy pequeños para que ganen algo con qué sobrevivir —le contesta su madre. Y añade—: Deberíais todos vosotros dar gracias a Dios por disfrutar del bienestar que tenemos en esta casa. Es horrible imaginar a esos pobres niños trabajando en las fábricas, mientras sus padres y sus mismas madres hacen labores todavía más duras. Seguro que cuando por la tarde vuelvan a sus barracones solamente encontrarán el hogar vacío y la cocina apagada, sin más alimento que algún trozo de pan y un poco de pescado seco.

Últimamente, todo el mundo está pendiente de la construcción del *camino de hierro*. A lo lejos, cerca de la línea del horizonte, se puede ver el tendido de los cables y los centenares de obreros que, como hormiguitas negras, se agachan para colocar las largas y brillantes barras de metal traídas de la fábrica. Allí, toda la vegetación ha sido arrancada y la oscura tierra sirve para sustentar las nuevas instalaciones.

Jack y sus amigos no se cansan de recorrer la población y sus alrededores, ya que cada día que pasa hay alguna cosa nueva que ver. Muy pronto observan que solamente las calles hechas en el primer momento, donde se encuentran sus casas, tienen el suelo de firme y muestran los escaparates de tiendas y comercios. El resto, la mayor parte de los barrios, no es más que un amasijo de construcciones, y más allá se alzan montones de barracones en los que se hacinan centenares de familias a la espera del tan ansiado hogar definitivo.

Pero los muchachos ya le tienen cierto cariño a la población, de la que conocen hasta el último rincón. Saben que sus raíces familiares están en la aldea, pero los años que han pasado aquí casi han borrado los tenues recuerdos que tenían de la vida anterior. Y les gustan las calles, y los coches de caballos que comienzan a verse por ellas, y las nuevas farolas que cada atardecer enciende un anciano uniformado, cuando el sol está a punto de ponerse tras las lomas del oeste, hacia el lado del ansiado y todavía no conocido mar...

El otro día Jack entró en casa y comprobó que su madre hablaba con su hermana y dos vecinas junto a la puerta del patio de atrás. Cuando le vio, la madre le dijo:

—Quédate, hijo, y escucha lo que nos está contando tu hermana. Debes ir sa-

biendo ya algunas cosas de la vida —y volviéndose a la muchacha, a la que se veía muy agitada, le dijo—: Sigue, Maggie, decías que Muchcliff llegó venido a su casa y...

—Sí —prosiguió pálida Maggie—, entró y comenzó a gritarles a todos los que estaban allí. Dos amigas de la señora Muchcliff, que cosían con ella, tuvieron que marcharse, porque él mismo las echó de la casa entre insultos.

Todo el mundo sabía que últimamente Muchcliff bebía mucho, como todos los mineros, y que tenía a sus hijos pequeños trabajando para que trajesen su jornal a casa los sábados, porque él se gastaba todo el suyo en las tabernas.

—Pues bien, ha sucedido una cosa terrible —aquí Maggie se llevó las manos a la cara—. Esta mañana han descubierto los cuerpos de la mujer y de dos de los niños degollados con el cuchillo de cortar pan. Solamente se ha salvado la pequeña, Stella, que aquella noche dormía en casa de una amiga.

—A esto conduce la bebida —sentenció una de las vecinas, y todas las demás le dieron la razón con gesto compungido.

Todas ellas —y la propia madre de Jack también— tenían en casa a un marido que bebía más de la cuenta, seguramente para olvidar las terribles horas pasadas cada día en la fábrica o en la mina.

Se hizo un largo silencio que Jack aprovechó para preguntar:

—Y al asesino, al señor Muchcliff, ¿le han cogido ya?

—No, parece que todavía no —le contestó su hermana—, pero no puede haber ido lejos, y además, en el estado en que debe encontrarse, no habrá podido andar mucho el hombre. Ahora, anda y no te retrases en la hora de la comida.

Jack estaba aterrado. El señor Muchcliff, siempre sonriente, era uno de los mejores camaradas de su padre, habitual compañero de correrías de taberna en taberna. En la calle principal, corrillos de personas esperaban la llegada de la diligencia que traería al juez de Warrington para hacerse cargo del asunto.

Haciendo tiempo hasta el mediodía, Jack y sus amigos, Pete y Chris, caminaron hacia los bosquecillos de retama que bordeaban las orillas del río. Los tres muchachos estaban muy impresionados por la noticia.

—Pero si a Mike y a Tom les vi yo todavía ayer por la tarde —decía Chris—. Iban a casa agotados como siempre por el trabajo en la fábrica, pero decían que gracias a ellos su madre podía darles de comer todos los días...

—Ésta debe ser alguna de las cosas malas de las que hablaba el abuelo cuando decía que aquí no había la tranquilidad de la aldea —señalaba Jack—. El abuelo solía decir que si es verdad que mueren menos bebés, también es cierto que los hospitales están llenos por las nuevas enfermedades que aparecen. Decía también que ahora se gana mucho más dinero que antes, pero que muchos jornales se gastan solamente en la bebida y en el juego, mientras que miles de mujeres y niños dejan su salud y su vida en fábricas insanas y talleres.

Trémulos, los tres amigos descendieron hasta el borde del agua. Ninguno podía evitar el mirar a uno y otro lado, como temiendo ver aparecer entre los ramajes al asesino, con los pelos revueltos y las manos todavía ensangrentadas. Aquella misma tarde, la ciudad supo que el señor Muchcliff había sido apresado cerca de la fábrica. No recordaba nada de lo que había hecho, y le habían llevado a la cárcel del condado. Seguramente, según decían todos, acabaría encerrado en un manicomio, como tantos otros...

La pequeña superviviente de la tragedia fue encomendada a unos tíos suyos para que la cuidasen, y tres días después, la casa del crimen, la número 28, era ocupada por otra familia que llevaba varios años a la espera de vivienda definitiva.

La vida seguía su curso en la población, ahora dispuesta a disfrutar, por fin, del paso del ferrocarril. En Skelm, la ciudad más próxima, a unas siete millas de distancia, una estación nueva esperaba ya la llegada del nuevo artefacto.

La ciudad hervía a medida que se aproximaba el día del paso del ferrocarril. Los periódicos, que llegaban todas las tardes al quiosco del cruce en la diligencia de Liverpool hablaban ya de las otras líneas que funcionaban en Inglaterra.

En estos días, Jack veía al salir de casa cómo los comerciantes adornaban los escaparates de sus tiendas y, a través de las ventanas de las casas, a las mujeres preparando los vestidos que llevarían en la inauguración. Muchos vecinos habían decidido acercarse a la estación de Skelm para ver la nueva maravilla de la que tanto se hablaba.

3

 excepción de los ancianos o de los enfermos, casi todos ya se han aproximado algún que otro día hasta las vías metálicas que nacen en el lejano horizonte de las colinas del este para perderse tras las de poniente. También todos se han asombrado ante la altura de los postes del tendido que se extiende junto a las vías, unidas entre sí por centenares de traviesas, de un grosor que ha precisado de hermosos troncos de árbol para ser tallados.

Por fin ha llegado el gran día. La familia Rawling al completo, igual que todos sus vecinos, inicia muy temprano el camino hacia la estación. Todavía no hace calor, pero se anuncia un día radiante que alegra todos los corazones. Siete millas tampoco es demasiado camino para hacer, aunque muchas mujeres, que han vestido sus mejores galas como en los días de fiesta grande, enseguida notan que los zapatos comienzan a apretarles y los trajes a ponerse incómodos, haciendo más difícil el recorrido.

A lo largo del polvoriento camino se encuentran los diferentes grupos, mientras son una y otra vez sobrepasados por calesas, carretas, carros y animales montados a lomos por sus dueños. Toda la campiña está hoy llena de color, de voces, gritos y murmullos, que convergen en la que hasta hoy era sólo una pequeña ciudad.

Jack ya ha estado varias veces en Skelm. Su padre tiene aquí unos primos, los señores Mersey, que parecen gozar, según ha oído en casa, de muy buena posición económica. Tienen una tienda de tejidos en la calle mayor.

Los Rawling han ido a visitarlos en algunas ocasiones y, mientras los mayores hablaban en la sala, los pequeños se dedicaban a recorrer, sin alejarse demasiado, las calles de la vecindad. Skelm sí es una ciudad de verdad, y no como la que ellos habitan. Aquí las iglesias, las grandes casonas y hasta las aceras hablan de antigüedad. En lo alto de la población, dominando toda la llana comarca, se elevan orgullosas las ruinas de una fortaleza, de origen romano, según dicen.

—¡Jack! ¡Jack! ¿Qué haces ahí arriba? ¡Bajá ya, que hay que volver a casa de los tíos!—, le grita su hermana a Jack, que se ha encaramado a ellas.

Hoy, después de ver el paso y, quizá, la parada del ferrocarril, la familia irá a almorzar con los Mersey, y ya los pequeños piensan en la deliciosa tarta de frambuesas con nata que siempre les ofrecen allí, junto con las confituras que la señora Mersey guarda encerradas en centenares de frascos, ordenados sobre las estanterías que llenan las paredes de la despensa.

Este domingo va a ser distinto. Apenas llegan a la estación, observan que el pequeño y coqueto edificio luce todas sus maderas, nuevas y brillantes, mientras pequeñas macetas de flores adornan las ventanas pintadas de blanco. Sobre el pequeño andén, y más allá por falta de sitio, se agrupa ya una multitud venida de todos los contornos.

—¡Vaya! Parece que todo el mundo ha decidido venir aquí hoy. No sé dónde vamos a ponernos —dice el padre con gesto de fastidio.

—¿Qué pensabas? —le contesta la madre, riendo—. ¿Creías que íbamos a ser nosotros los únicos en querer ver el ferrocarril? Mira, vamos allí, hacia la izquierda, que parece que no hay tanta gente...

Al final, la familia ha logrado hacerse un buen sitio merced a algunos empujojones y con las consiguientes protestas de quienes se consideran perjudicados. La espera se hace interminable. Pasan más de tres horas y el sol calienta ya de firme. Los que no han traído sombreros o gorros se van cubriendo la cabeza con pañuelos y chaquetas. Muchos hombres y muchachos se han quitado la camisa y la multitud ofrece muy pronto un aspecto casi veraniego.

Los niños más pequeños, hambrientos y acalorados, no tardan en entonar un desafinado concierto de lloros y berridos que impacientan a los mayores. Bastantes

padres han comenzado a desaparecer en alguna de las estrechas callejuelas que conducen al centro de la ciudad. Allí se refrescan con la cerveza que les sirven amables taberneros, encantados ante el negocio que esta celebración va a suponer para ellos.

Por fin, cuando son casi las cinco de la tarde y el desánimo comienza a extenderse sobre todos los presentes, hacen su repentina aparición varios jinetes montando veloces caballos, que corren a lo largo de las refulgentes vías metálicas. Agitando sus sombreros en la mano, anuncian a gritos que ya se aproxima el ferrocarril. Inmediatamente desaparecen para encaminarse hacia la siguiente estación, donde sin duda también encontrarán a otra multitud parecida.

—¡Menos mal! Creía que ya no vendría nunca —comenta la madre de Jack.

—Pues dicen que en el ferrocarril viene la familia real —señala una mujer que está a su lado.

—Seguro que no —dice riendo el hombre que parece ser su marido—. Ellos
ya habrán visto todo lo que hay que ver, y mucho mejor que nosotros, y ahora
estarán descansando tranquilamente después de haber comido...

Por el este suena ya un potente y extraño ruido, hasta entonces nunca oído
por los presentes. Es como un fortísimo y continuado traqueteo que sobrecoge e
intriga a todos, que estiran el cuello hacia aquella dirección para no perderse de-
talle. Muy pronto aparece una enorme máquina que apenas se divisa entre grandes humaredas blancas. Los niños, y también los mayores, se asustan ante tal aparición y miran con la boca abierta y los ojos asombrados cómo se va acercando a
ellos, discurriendo por encima de las vías.

El ruido aumenta por momentos y ya todos pueden ver casi con toda claridad
el enorme rastrillo que, como inmensa dentadura de gigante, aparece en la parte
delantera de aquella máquina. Parece un gran tubo al final del cual se divisa una

casilla en la que varios hombres, sin duda, los conductores, se mueven ágilmente. Por encima, las grandes chimeneas no cesan de lanzar humaredas que se unen con las que vienen de la parte de abajo, de las grandes ruedas de hierro que giran arrastradas por unos artilugios cuya fuerza sobrecoge a los presentes.

Cuando pasa el convoy ante la asombrada multitud, todos observan la fila de vagones arrastrados por la máquina. Se ve que uno o dos son para carga porque van totalmente cerrados. Otros, por el contrario, están llenos de ventanillas, y tras ellas algunas personas saludan quitándose el sombrero y sonriendo a estos boquiabiertos provincianos. Quizá por emoción, quizá por miedo, un gran silencio flota en la estación cuando ya el tren se ha alejado hacia el oeste.

Todos, mayores y pequeños, parecen tener clara conciencia de haber visto algo importante, algo grande, y muy pronto comienzan a oírse asombradas expresiones y gritos de júbilo. Pero, ¿se dan cuenta de que han conocido la máquina que va a transformar por completo todo el sistema de comunicaciones existente, y con él todo el curso de la vida de los hombres?

A la hora de los postres, las dos familias saborean las especialidades que la señora Mersey ha preparado con esmero. Su hijo mayor, Charles, habla de sus proyectos de marchar a trabajar a América. Los invitados ya le habían oído hablar de ello en varias ocasiones, pero siempre habían pensado que se trataba de una broma.

—Pero, ¿cómo se te ocurre a ti, con el estupendo negocio que tiene aquí tu padre, marchar como tantos que realmente sí se ven obligados a ello para sobrevivir? —le dice el señor Rawling—. O, ¿no será que lo que quieres en realidad es recorrer un poco de mundo? —añade con un brillo malicioso en la mirada.

—No, no es eso, tío John —responde muy serio Charles, que tiene ya veintitrés años—. Lo que sucede es que quiero hacer algo distinto de lo que veo aquí todos los días, algo más grande que lo que veo cada mañana en las calles de este pueblo…

Los mayores le miran, entre sonrientes y asombrados. Le consideran un muchacho bueno pero demasiado idealista, que debe sentirse bien contento al contar su familia con un buen negocio y no tener que depender de nadie para vivir.

—Bueno —concluye su madre—, cuando tengas una novia formal aquí ya se te quitarán todas esas ideas de la cabeza y lo único que querrás será establecerte. Ya sabes que cuentas con nosotros para todo…

Pero Charles, alto, moreno y de ojos claros, se ha quedado callado. Hay en él algo que ya desde hace tiempo ha prendido la atención de Jack. Hasta ahora la diferencia de edad había impedido que se tratasen más, pero el muchacho está decidido a hablar algún día durante un buen rato con su primo Charles. ¿Qué pensará hacer allá, al otro lado del océano?, reflexionaba Jack aquella tarde cuando medio dormido es mecido por el traqueteo de la vieja carreta que les devuelve a casa tras el agotador pero maravilloso día.

4

RAS la euforia producida por la inauguración del ferrocarril, los problemas cotidianos rebrotan en el pueblo con mayor virulencia que antes. En todas partes se habla del posible cierre de la gran fábrica de hierro. Una vez elaborados los rieles necesarios para establecer esta línea, parece que los fabricantes ya no tienen interés en mantenerla abierta. Por el contrario, se dice que piensan trasladar las instalaciones hacia el norte, a la región de Newcastle, donde pronto van a comenzar las obras para llevar hasta allí el ferrocarril.

Los trabajadores se reúnen cada tarde en la taberna para hablar de la preocupante cuestión, pues se les ha dado a elegir entre perder su puesto de trabajo o marchar al norte siguiendo el camino de la nueva fundición. Para todos ellos supone un gravísimo problema.

—Si estuviera yo solo —dice el padre a la madre de noche, en la cama, a la débil luz de una lamparilla de aceite— no tendría inconveniente en marchar allí. Pero con todos vosotros, no podemos arriesgarnos a que nos instalen otra vez en barracones dos años o más, como pasó aquí… Y todo para que poco después se les ocurra mandarnos a Gales, o incluso a Escocia o a Irlanda, ahora que dicen que van a tender nuevas líneas férreas por todas partes. No —añade, decidido—, no nos iremos de aquí. Tenemos nuestra casa y ya veremos cómo nos arreglamos.

Su mujer le mira en silencio; está de acuerdo con él, pero le angustia pensar de qué van a vivir cuando él no aparezca como ahora, todos los sábados a mediodía, con el jornal en el bolsillo.

Pocos días después, lo que tanto se temía, se hace realidad. Un miércoles a media mañana, el padre se presenta inesperadamente en casa con expresión apesadumbrada. Su mujer, que está picando verdura en la cocina, le pregunta asustada, mientras se levanta y se le acerca:

—¿Qué te pasa? ¿Te has puesto enfermo? —y le coge nerviosa de un brazo.

—No, no es eso. Esta mañana el capataz nos ha reunido y uno de los patronos nos ha dicho que la fundición se cierra. Y ha preguntado quiénes van a marchar hacia el norte. Y ha pasado lo que todos sabíamos: unos veinte, jóvenes y solteros, han decidido marchar; al fin y al cabo no tienen quien dependa de ellos. El resto, yo... nos quedamos aquí. Ya veremos...

Calla y recorre con la mirada la pequeña habitación. Su mujer se acerca más a él y le dice suavemente:

—No te preocupes ahora, John. Ya verás cómo nos arreglaremos de una u otra manera con la ayuda de Dios. Lo importante es que permanezcamos todos juntos como hasta ahora...

Pocos días han tardado los obreros despedidos en encontrar un nuevo trabajo, pero se trata de puestos de picador en las minas de carbón. Algo que hasta ahora muy pocos querían hacer, pero que la necesidad les obliga a aceptar.

Ahora en casa de Jack y en las de sus amigos los padres solamente vuelven los sábados por la tarde, para pasar con sus familias apenas un día, antes de que las carretas se los vuelvan a llevar camino de la mina, rodeada por negros y sucios montones de carbón y escorias.

Todos saben lo duro que es el trabajo en la mina, y su mujer le pregunta con insistencia si lo está pasando mal. El padre siempre trata de responder de buen humor, asegurando que comen bien y que los barracones donde duerme con los demás mineros son cómodos. Pero cada semana que pasa, es evidente que va enflaqueciendo, que su color es cada vez más grisáceo y su sonrisa más fingida. Además, ahora se pasa casi todo el tiempo en la taberna, hablando mal de los patronos, bebiendo cerveza sin parar y jugando a las cartas, como hacen todos los demás.

Cuando está en casa, apenas si dirige la palabra a sus hijos, y solamente contesta con sequedad cuando su mujer le hace preguntas. Jack se da cuenta de todo esto, a pesar de que tanto su madre como Maggie se esfuerzan por disimular ante los menores lo que pasa.

Un sábado por la tarde aparece en casa el bueno de Tom Kinley, un camarada de los primeros tiempos. Jack está ahora solo en casa, y mira interrogante al rubio hombretón, que permanece callado dándole vueltas a la gorra entre las rudas manos, hasta que por fin aparece la madre, que viene del mercado.

Cuando le ve así, sin encontrar a su marido, se lanza hacia él y le dice a grandes voces, como angustiada:

—¿Qué ha pasado, Tom? ¿Dónde está mi marido? —y se aferra a sus brazos con gran fuerza.

—No te preocupes, Margaret. Ha sido solamente un pequeño accidente, un derrumbamiento sin importancia de los que pasan todos los días. John está ahora muy bien cuidado, con una pierna rota, en el hospital de Bolton. El encargado me ha dicho que mañana puedes volver con nosotros y quedarte junto a él. De verdad, no te preocupes; no es nada grave y las monjas le cuidan muy bien. Seguro que ahora engordará —añade, medio riendo para relajar la situación.

La madre da muestras de una gran fortaleza de carácter, y logra sacar fuerzas de flaqueza para ayudar a sus hijos. Ha decidido irse al hospital con Maggie, para estar cerca de su marido y envía recado a los Mersey para que se hagan cargo de los tres pequeños.

Al atardecer del domingo, tras cerrar la puerta de entrada, suben todos a la carreta de los mineros. Los hombres, amables y comprensivos, ceden a las mujeres los puestos más cómodos. A la entrada de la ciudad les espera el primo Charles, que se lleva a Jack y a los niños a su casa, mientras la madre y la hermana suben al ferrocarril. Jack las mira con envidia, ya que también quisiera él subirse en la misteriosa máquina humeante que ahora pasa dos veces al día por la pequeña estación.

Todavía hace buen tiempo, y en la huerta de los Mersey tiene ahora el muchacho muchas ocasiones de hablar con Charles, que cada día le parece más inteligente e interesante. Sus padres ya han aceptado la idea de que se marche a América, que es lo que él más quiere en el mundo. Sabe de muchos otros que han llegado a hacer allí grandes cosas y piensa que él también puede ser capaz de hacerlo como los demás. Su padre, además, ha prometido darle una buena cantidad de dinero para que comience a desenvolverse en el nuevo país, por lo que las cosas podrán empezar con buenas perspectivas.

Una mañana muy temprano, Charles despierta a Jack en la pequeña cama que le han preparado en su mismo cuarto. Agitándole por un brazo, le dice:

—Despiértate. Te voy a dar una sorpresa. Nos vamos ahora mismo en ferrocarril a Liverpool a ver el mar. Mamá ya tiene preparado el desayuno y nos está haciendo unos bocadillos para el viaje.

El muchacho todavía está medio dormido, pero se despierta del todo al oír la noticia. Se levanta de un brinco, y media hora más tarde se dirige presuroso con Charles hacia la estación. El ferrocarril no tarda en aparecer, lanzando grandes cantidades de vapor. Ahora Jack ya no se limitará a verlo pasar, sino que va a subir en él y a trasladarse a velocidad de vértigo hasta el mar.

Al cabo de un rato, todavía no puede creer que sea cierto que va sentado en

el duro banco hecho de tablillas de madera, viendo pasar los postes del tendido, las casas, los campos y las vacas tan rápidamente. Asoma la cabeza por la ventanilla para sentir en la cara el golpe del aire y devora con la mirada todo lo que puede abarcar.

Pero no puede evitar sentir muy pronto una rara sensación que hasta ahora no ha notado nunca. Es como un dolor de cabeza y un malestar en el estómago al mismo tiempo, mientras nota que una neblina va cubriendo todo lo que ve... Cuando abre los ojos de nuevo, se encuentra tumbado sobre las rodillas de Charles, que le hace incorporar y le da de beber un poco de agua de una botella que lleva en su macuto.

—¡Vaya, hombre! Parece que por fin has resucitado —le dice riendo abiertamente—. La verdad es que estás pálido como un muerto.

—¿Qué me ha pasado? —dice Jack, que todavía no se ha recuperado del todo y siente náuseas en la garganta.

—Nada —le contesta su jovial compañero—, que te has mareado, como le pasa a todo el mundo las primeras veces. Pero no te preocupes, que pronto llegaremos y se te pasará del todo.

Bien pasado el mediodía el tren entra en la estación de Liverpool. Ahora Jack, en medio de una agitada multitud, se encuentra desconcertado. Aquellos enormes andenes llenos de gente, los montones de maletas y de mercancías apiladas en los rincones y, por encima de todo, aquel maravilloso techo de cristal a través del cual se descubre el cielo.

—Está construido del mismo hierro del que están hechas las vías —le dice Charles—. ¿Verdad que es impresionante? Pues creo que en América hacen todavía cosas mayores.

Le coge de la mano y le conduce hacia la salida, pero el muchacho no puede quitar su mirada de aquel techo transparente que le parece un bonito sueño de los que tenía cuando era más pequeño.

Ahora, ante ellos, se abre una ancha avenida bordeada de árboles y grandes y oscuros edificios de cinco o seis pisos, como no existen en el pueblo. Las gentes, vestidas con elegancia, se cruzan presurosas en todas direcciones, mientras que en la calzada los coches de caballos y los tranvías tirados por mulas forman un espectáculo deslumbrador para el niño.

Si no fuera por la presión de la mano de Charles, Jack se sentiría aquí absolutamente perdido entre semejante barahúnda y trajín. Echan ahora a andar por la avenida para acercarse al centro de la gran ciudad. Aquí se multiplican las tiendas con lujosos escaparates llenos de cosas bonitas y desconocidas para el muchacho.

«¡Cómo le gustaría ver esto a mamá y a Maggie!», piensa Jack, mientras trata de superar definitivamente la sensación de mareo, que todavía no le ha abandonado del todo.

Ha decidido mostrarse ante su primo como un hombre de verdad, y hace un buen rato que le ha dicho que ya no siente nada en el estómago. Ahora, le obsesiona una idea fija, y pregunta mirando a todas partes:

—¿Dónde está el mar? Desde aquí no lo veo.

—Espera, impaciente, y lo verás muy pronto. Vamos a ir hasta el puerto en tranvía, así sabrás cómo se siente uno viajando en él.

Y suben a uno de aquellos vehículos pintados de colores y con anuncios en sus costados. Señoras y señores bien vestidos, con elegantes sombreros les rodean. Al otro lado de las ventanillas, las fachadas de suntuosos edificios se suceden como si no fuesen a acabar nunca. Por fin las casas elevadas van dejando paso a lo que parecen almacenes, mientras que el tranvía está ya medio vacío. Hace ya un buen rato que Jack ha notado un olor extraño, desconocido hasta entonces. Es un olor como a sal, como cuando su madre hacer hervir agua para echar en ella las verduras y las patatas.

Pero ahora el olor es cada vez más fuerte, y le llega a bocanadas llevado por las ráfagas del viento que procede del final de la larga calle que están recorriendo. Al final de ella descienden del tranvía y, tras dar la vuelta a un oscuro edificio, se encuentran en los muelles.

Los mástiles de los barcos se mueven al impulso de las suaves ondas que rizan la superficie del agua. Algunos buques tienen las velas desplegadas y pare-

cen prepararse para salir al mar abierto. Otros están amarrados a los muelles por gruesas sogas de esparto. Sobre sus cubiertas gran cantidad de hombres se afanan, introduciendo o sacando enormes paquetes y fardos de las bodegas que quedan abajo.

Jack está admirado ante todo este espectáculo y fija su atención en aquel mar tantas veces soñado. El sol se refleja levemente en él en este día otoñal, y el viento apenas se nota sobre su tersa superficie grisácea. Al fondo, a lo lejos, una torre blanca se eleva sobre la superficie del agua, justo encima de la línea del horizonte.

—Es el faro —le explica Charles—. Tiene una luz muy fuerte en su cima. De noche sirve para orientar a los barcos y evitar que tropiecen en las rocas que bordean la costa.

El muchacho no puede apartar su vista de aquella superficie móvil que se hace más verde a medida que se va alejando de los muelles y de los barcos. Aquel color ejerce sobre él tal fascinación, que su compañero acaba por decirle, riendo:

—Venga ya, chico, despierta. Dicen que en alta mar el color es todavía más hermoso, azul oscuro. Cuando navegue hacia América lo veré... Ahora vamos andando hacia la playa, y allí podrás mojarte los pies en el agua. De paso, comeremos algo, que ya empiezo a tener hambre.

Han transcurrido más de tres meses y ya se han celebrado las Navidades, ahora con menos alegría que antes, en un pueblo en el que apenas quedan jóvenes, y los hombres vuelven mohínos cada sábado de la mina. El padre de Jack ha salido del hospital en enero, pero ya nunca podrá hacer uso de la pierna derecha, y cojeará toda su vida. El tablón que servía para sujetar el techo de la mina, que le había caído encima de la rodilla, ha hecho demasiado daño para que el hueso pudiese ser reparado y dejado como antes.

Ahora, en el patio trasero de la casa, junto a las gallinas y los conejos que están en sus corralitos, John ha montado un pequeño taller en el que fabrica útiles metálicos para la labranza y piezas de ferretería.

Desde el principio no le ha ido mal el negocio, porque es uno de los pocos artesanos que quedan en la población, pero todos se dan cuenta de que cada día su carácter es más retraído. Ahora ya no da ninguna explicación o disculpa a su mujer cuando se marcha —cada vez con mayor frecuencia— hacia la cercana taberna. Tampoco trata de disimular cuando vuelve achispado y agresivo por la cerveza que ha tomado, y que últimamente mezcla, como todos los demás, con pequeños vasitos de ginebra.

La madre ha tenido largas conversaciones con Maggie, e incluso ha escrito a los abuelos a la aldea. Además, ha ido varias veces a ver a los señores Mersey. Todos pueden ver cómo aquellas calles, hace un par de años llenas de gente, se

van quedando vacías. Las fábricas y talleres han sido trasladados a otros lugares más próximos a los puertos de mar, a las minas o a las estaciones del ferrocarril, que ahora pasa por la estación de Skelm ya seis veces al día en las dos direcciones.

Jack sabe que su madre y su hermana han estado hablando de él y de su futuro. Tiene ya catorce años y el próximo año ya se habrá terminado para él, al igual que para sus compañeros, la vida de la escuela. pero ahora, ya ningún muchacho puede pensar en encontrar trabajo. Él ha hablado con sus amigos de marchar a otra ciudad, pero siempre acaba pensando que lo sucedido aquí puede repetirse en cualquier otro lugar. Es una terrible decisión: elegir entre la mina, la odiada mina, que cada año se cobra varias vidas humanas, o el permanente nomadeo de una ciudad a otra, detrás de la fábrica o del taller que se traslada de sitio.

Una noche, el muchacho oye cómo su madre habla con su padre, quizá aprovechando que ha vuelto a casa más temprano y menos ebrio que de costumbre:

—No podemos obligar a nuestro hijo a que sufra como nosotros, y él mismo parece querer cambiar de vida... Sé que es lo mejor para él y que luego podrá ayudar a sus hermanos, pero me cuesta tanto trabajo imaginarle tan lejos de nosotros y teniendo que defenderse solo de tantos peligros como le van a amenazar...

—No te preocupes —ha oído cómo le contesta el padre—, él sabrá defenderse, y verás cómo en el futuro nos lo agradecerá. Recuerda que también nosotros dejamos a los abuelos en busca de una vida mejor, aunque luego pasase todo lo que ha pasado. Ahora, duerme, Margaret, y no te preocupes por nada. Ya verás cómo todo sale bien.

Jack sabe ahora que sus grandes deseos de marchar a aquella soñada América con su primo Charles pueden hacerse realidad. Lo lleva pensando desde hace muchas semanas, pero no se ha atrevido a decírselo a sus padres por temor a que se negasen. Esta noche ha comprobado que, no solamente no se van a negar, sino que aceptan la idea como la mejor posible para él.

En Skelm, los señores Mersey han convencido a los padres de Jack para que dejen emigrar al muchacho. Incluso ellos han terminado por aceptar la ya inminente partida de su Charles. Por el negocio están tranquilos, ya que el futuro esposo de su hija Emily ha aceptado hacerse cargo del mismo cuando ellos decidan retirarse. Todos saben que Jack, a pesar de su corta edad, se va a negar a trabajar en la mina, que ha dejado inválido a su padre y obliga a su madre y a Maggie a pasar largas horas cosiendo vestidos para los vendedores que recorren las ferias ofreciéndolos a las campesinas de las aldeas.

Jack quiere ir a América, aunque siente profundamente separarse de su familia, y sabe que en casa van a sufrir por su ausencia. Pero desde allí les enviará dinero suficiente para que vivan bien, como les sucede a las familias de muchos de los que se han marchado hace bien pocos años. Así, la madre y Maggie no tendrán que trabajar tanto, y el padre no estará tan amargado y volverá a ser alegre como antes del accidente. Y quizá algún día él, Jack, pueda volver con dinero suficiente para establecerse por su cuenta y no separarse ya jamás de la familia.

Cuando piensa esto acaba por entristecerse, aunque ya le han dicho que también los abuelos aprueban la idea de la marcha. Desde allá, desde la humilde casita de la aldea, le envían sus bendiciones y en su temblorosa letra le prometen rezar todos los días por él.

Cuando llega el día de la partida, las dos familias se reúnen en la estación.

Los padres ven partir a un trozo de sus vidas y, tanto las mujeres como los hombres, no pueden ocultar su gran emoción. Pero el tren no puede retrasar más su partida y los abrazos tienen que ser rápidos, a pesar de que el jefe de estación, el amable señor East, tarda un poco más que de costumbre en hacer sonar el pito y levantar la bandera que da al convoy la señal de partida.

Los dos muchachos se asoman a la ventanilla para ver por última vez a sus familias. Las dos madres quedan abrazadas sobre el andén, que cada vez se va haciendo más pequeño en la distancia. La rapidez de todo y el nerviosismo de ambos no les permite, durante el trayecto en tren, y luego la travesía de la ciudad en tranvía, sentirse invadidos por la nostalgia. Todo es nuevo para ellos y la instalación en los camarotes, medio llenos ya de muchachos solos o de familias al completo, es la última experiencia del día.

Cuando llega la noche, ya en medio del océano, es cuando los dos muchachos sienten la soledad y les abruman los recuerdos. A estas horas, sus familias deben estar preparándose para dormir, sin duda acordándose de ellos y elevando oraciones por su salud y buena suerte. Charles y Jack están llenos de esperanza en la llegada de tiempos mejores, pero ahora lo desconocido que les aguarda al otro

lado del mar les pone un nudo en la garganta y les llena los ojos de lágrimas. Sobre las velas desplegadas, una enorme luna hace nacer millares de brillantes per-
las móviles en la superficie del mar, y convierte la estela dejada por el buque en
un reguero de espuma de un color blanco jamás visto.

Ambos sienten en el rostro el persistente golpe del aire marino. Saben que
atrás queda la familia, el hogar y el mundo conocido, pero también una vida que
no quieren aceptar tal como es. Enfrente, al otro lado de aquella línea del horizonte que la claridad de la madrugada comienza a dibujar, les espera la incerti-
dumbre y lo desconocido. Pero también están allí todas las posibilidades de empezar una hermosa vida, en un medio nuevo y prometedor. Jack, con el brazo de
Charles apretándole los hombros, prefiere mirar hacia adelante. Mirar hacia el
mundo nuevo que espera, lo siente y lo desea, que sea mucho mejor que el que
acaba de dejar atrás.

En este momento comienza a ser dueño de su propia existencia y se da cuenta de ello. Y un escalofrío —de temor o de orgullo, ¿o de ambas cosas a la vez?—
le recorre la espalda, mientras sigue con la vista fija en aquella línea azul que abre
el camino a todas sus ilusiones.

Vocabulario

Economía preindustrial: *Es el sistema de organización de las diversas tareas económicas existentes antes de la aparición de la Revolución Industrial. Se caracteriza por la reducida cantidad de los bienes producidos por cada trabajador en particular, y por todos ellos en conjunto.*

Baja productividad: *Es el término que determina a esta reducida naturaleza de los bienes que los trabajadores generan con su labor.*

Métodos de cultivo: *Son las diferentes formas adoptadas por los agricultores para trabajar sus suelos. Dependían, ante todo, de la naturaleza de la tierra, así como de la distribución de las propiedades existentes y de las tradiciones dominantes en cada región determinada.*

Artesanado: *Es la forma de trabajo existente antes de la implantación de la industria, para la fabricación de los objetos de uso. Estaba presente, sobre todo, en las ciudades, pero en conjunto los productos fabricados por los artesanos en sus talleres eran muy escasos y solamente iban destinados a muy pocas personas de la comunidad.*

Racionalidad: *Es el tratamiento estudiado en sus formas y consecuencias de aquellos elementos empleados para la obtención de bienes. En el caso de la agricultura, la racionalidad se impuso mediante la aplicación de nuevos métodos que hacían aumentar de forma muy señalada la cantidad de productos obtenida en las cosechas.*

Materias primas: *Son los elementos directamente extraídos de la naturaleza, que las tareas industriales tratan en la forma adecuada y los transforman para su uso por los compradores de los bienes producidos en las fábricas. La Revolución Industrial utilizó, entre otras, el hierro y el carbón como las más destacadas.*

Burguesía: *Es la clase social que procede del pueblo y que, a costa de trabajo e ingenio, va ascendiendo hasta hacerse con el control del poder económico. Luego ocupará el poder político, de donde aparta a los aristócratas que lo habían tenido desde la Edad Media.*

Clases trabajadoras: *Son los extensos sectores de población que viven del trabajo que realizan para los propietarios de las fábricas y de las grandes explotaciones agrícolas. Sus condiciones de vida siempre han sido duras y dificultosas, de ahí que se organizasen para defender sus derechos y exigir unas mejoras que les permitiesen una existencia más digna y llevadera.*

ACTIVIDADES

Germán Vázquez y Purificación Moreno

■ Aclarando ideas

— *La familia Rawling abandona su lugar de origen en el campo para ir a la ciudad. ¿Qué les impulsa a emigrar?*

— *La ciudad con la que se encuentran, ¿tiene todos los servicios necesarios? Apunta las mejoras que experimenta a lo largo del relato.*

— *¿En qué dos industrias trabaja John, el padre de familia?*

— *¿Quién es Bill Heysham? ¿Por qué está descontento?*

— *¿Por qué la inauguración del ferrocarril causa problemas a los trabajadores del metal?*

— *Jack emprende un viaje con su primo Charles. ¿Hacia dónde se dirigen? ¿Qué razones les impulsan a emigrar?*

■ Sitúate

— *Dibuja un mapa de Gran Bretaña y sitúa en él las ciudades de Manchester, Liverpool, Sheffield, Newcastle y Bolton.*

— *Cuando se produjo la Revolución Industrial, ¿qué movimiento cultural se desarrollaba en Europa en aquella época? ¿Cuáles eran sus características principales en el plano político, científico, económico y cultural?*

— *Coincidiendo con la Revolución Industrial se produjo otra revolución que sacudió Europa. ¿Cuál fue? Sobre el tema hay otro libro en esta misma colección.*

— *Ahora debería venir el inevitable cuadro cronológico, ¿verdad? Pues mira por dónde esta vez prescindimos de él. Ahora bien, si tú te atreves a intentarlo ten en cuenta que hay dos períodos en la Revolución Industrial:*

a) 1760 — 1830. Primera fase. En este período se emplea como única fuente de energía el vapor, y las principales industrias son la textil, la siderúrgica y la construcción de ferrocarriles.

b) 1870 — 1914. Segunda fase. Se utiliza la energía eléctrica, el petróleo y el vapor. Hay grandes avances técnicos y un considerable desarrollo de la industria química.

■ Recuerda

— *La Revolución Industrial es un fenómeno histórico bastante complejo. Sin embargo, puede sintetizarse en diez puntos clave. Responde a las siguientes cuestiones y obtendrás un buen esquema.*

La Revolución Industrial fue: a) planificada, b) espontánea	Motivación:
¿Dónde estalló la Revolución Industrial?: a) Gran Bretaña, b) Rusia, c) Estados Unidos	País:
El motivo principal de esta transformación fue: a) la reforma agraria, b) la guerra, c) el comercio	Causa:
¿Cuáles son las principales industrias?: a) la siderúrgica, b) la alimentación, c) la textil y la siderúrgica	Industrias principales:
El tipo de energía utilizado era: a) la animal, b) el vapor	Energía:
El motor de esta expansión fue: a) el barco, b) el ferrocarril, c) el transporte por carretera	Transporte básico:
En el plano demográfico, el proceso originó: a) una gran mortandad, b) un crecimiento demográfico	Consecuencias demográficas:
En el plano social, la Revolución Industrial creó dos grupos sociales: a) aristrocracia y proletariado, b) burguesía y proletariado	Consecuencias sociales:
En el plano internacional, la consecuencia principal consistió en: a) la emigración, b) la expansión colonialista por Asia y Africa	Consecuencias internacionales:
En el plano urbano, las ciudades experimentaron: a) una mejora, b) un retroceso, c) se quedaron igual	Consecuencias urbanas:

▇ Piensa y compara

— Compara las condiciones de vida de los obreros metalúrgicos y de los mineros, tal y como aparecen reflejadas en el relato. ¿Se comportan de la misma manera?

— Mira el texto de la sección Un poco de documentación. ¿Ves alguna semejanza entre el libro de Wells y este cuento?

▇ Y tú... ¿qué opinas?

— Lee atentamente la sección Sabes que... Verás que unos inventos están relacionados con otros. Así los de la Segunda Revolución Industrial tienen su origen en los de la Primera. También comprobarás que en la Primera Revolución unos inventos nacen en Francia y otros en Gran Bretaña. ¿Crees que las condiciones políticas tuvieron algo que ver en esta pugna?

— La economía industrial implica la división del mundo en dos grupos de países: industrializados y no industrializados. Los primeros venden sus productos a los segundos, que carecen de fábricas. ¿Esta situación es justa? ¿Qué ocurriría si todos los países estuviesen industrializados?

▨ Hablémoslo entre todos

— La Revolución Industrial transformó las estructuras sociales, políticas y económicas de la humanidad, e igual ocurrió milenios antes con la Revolución neolítica. Según dicen los expertos, hoy en día estamos en los albores de una tercera revolución: la de la informática y la robótica. ¿La sociedad será igual cuando los robots y los ordenadores sustituyan al hombre? ¿Cómo crees que será el mundo? ¿Mejor o peor? ¡Ojo! El tema es muy serio.

▨ Hazlo tú mismo y diviértete

— Construye una maqueta de una ciudad inspirándote en el cuento.
— Desarrolla tu imaginación y tu expresión corporal. Imagínate que eres Jack y sin saber cómo te ves transportado a nuestros días. Entras en una casa y descubres que está llena de máquinas rarísimas... Escribe una pequeña obra de teatro describiendo las reacciones de Jack.

▨ Va de lenguaje

— Lee este texto: El ruido aumenta por momentos, y ya todos pueden ver casi con toda claridad el enorme rastrillo que, como inmensa dentadura gigante, aparece en la parte delantera de aquella máquina. Como puedes observar, el fragmento es una descripción, pero ¿qué describe?
— Cuando habla de «enorme rastrillo» y «dentadura gigante» utiliza una figura estilística. ¿Sabrías decir a qué figura nos referimos?
— Analiza morfosintácticamente el grupo oracional del texto.

▨ Sabes que...

— El término Revolución Industrial fue empleado por primera vez por un socialista utópico llamado Blanqui en 1837, y popularizado por Friedrich Engels, uno de los fundadores del marxismo, en 1845.
— En 1802, los británicos Trevithick y Vivian patentaron una locomotora de vapor que se desplazaba sobre dos carriles de hierro.
— La locomotora de vapor inventada en 1814 por Jorge Stephenson (1781-1848) se llamaba Blucher.
— El norteamericano Robert Fulton (1765-1815), creador del barco de vapor, utilizó el río Sena en 1803 para probar su invento.
— La conocidísima palabra voltaje (unidad de presión de la corriente eléctrica) procede del apellido Volta. Alenjandro Volta (1745-1827) fue un científico italiano al servicio de Napoleón que ideó la pila eléctrica en 1800.
— La primera línea de tranvías eléctricos se estableció en Alemania en 1881.
— El primer escritor que utilizó una máquina de escribir fue el novelista ruso León Tolstoi.

— *La primera bicicleta que se construyó era de madera. El artilugio, ideado por el alemán Gottlieb Daimier en 1885, alcanzaba la vertiginosa velocidad de... ¡19 km por hora!*

— *Y ya que de bicicletas hablamos, ¿sabes qué es un ciclo-velero? ¿No? Pues un ciclo-velero es un extraño aparato mitad bicicleta, mitad avión. La bicicleta voladora se patentó en 1904 y, como su nombre indica, consistía en un velocípedo al que se le incorporó una sombrilla de unos 5 m de diámetro.*

— *Thomas Alba Edison (1847-1931), el genial inventor del fonógrafo, la bombilla eléctrica y el cine sonoro, era apodado* El mago de Menlo Park *porque tenía instalado su laboratorio en ese lugar.*

— *La televisión, también conocida por la* caja boba, *fue patentada en 1933 por Vladimir Zworykin (1889-1982), un ruso nacionalizado norteamericano. Zworykin se hizo rico con su invento, pero no famoso. Nadie le conoce.*

■ Investiga

— *El tren también llegó a España. Tarde, pero llegó. Investiga el tema.*

— *Asimismo se desarrollaron en nuestro país, la industria textil y la siderúrgica. ¿Dónde? Elabora un pequeño informe sobre la situación actual de estas industrias.*

— *¿Y los sindicatos? ¿Qué sabes de ellos?*

■ Te sugerimos

— **Video/cine.** *El cine, que por cierto debe su nombre al inventor Leon Bonly, ha tomado el ferrocarril como fuente de inspiración en infinidad de ocasiones. Tal es el caso de* **Asesinato en el Oriente Express,** *inspirada en una novela de Agata Christie, o de* **El expreso de Shanghai,** *una obra señera de la historia del cine. También el tren juega un decisivo papel en* **La vuelta al mundo en ochenta días,** *protagonizada por David Niven y Mario Moreno* Cantinflas. *Este film recibió el Oscar a la mejor película en 1956. Y ya que hablamos del cine y medios de transporte, conviene ver* **Veinte mil leguas de viaje submarino** *y* **La máquina del tiempo,** *de H. G. Wells. Y para terminar, te sugerimos dos obras maestras muy, muy relacionadas con la Revolución Industrial:* **Metrópolis,** *de Fritz Lang, y* **Tiempos modernos,** *del siempre genial Charlie Chaplin.*

— **Museos/exposiciones.** *¿Te imaginas cuáles son los primeros museos españoles relacionados con el tema? ¡Has acertado!: el Museo Nacional Ferroviario (Madrid) y el Museo de la Ciencia (Barcelona). En el primero podrás contemplar maquetas, fotos e incluso la primera locomotora de vapor que funcionó en España; en el segundo aprenderás mucho sobre ciencia y tecnología, y además divirtiéndote, que es lo bueno. El Museo del Aire (Madrid) también merece una visita.*

— **Viajes/excursiones/paseos.** *Conviértete en Phileas Fogg, el entrañable personaje de Verne, por unas horas y sumérgete en la ajetreada vida de una estación de ferrocarril, un aeropuerto, un puerto, e incluso de una estación de Metro. Asimismo es obligado hacer una excursión a cualquiera de las muchas fábricas españolas. Te sorprenderá la diferencia existente entre el corto número de empleados y la gran cantidad de objetos producidos.*

■ Para saber más

— *Hay muchos libros sobre la Revolución Industrial en las librerías y bibliotecas. Algunos francamente entretenidos. ¿No te lo crees? Prueba a leer* **La vuelta al mundo en ochenta días** *o cualquier otra novela de Julio Verne inspirada en los avances científicos o técnicos del siglo XIX. ¡Ah, ya conoces la obra de Verne! En ese caso, ¿por qué no lees algo más profundo? Por ejemplo,* **Los primeros hombres en la Luna,** *de H. G. Wells. Es una novela de ciencia-ficción, pero tiene un trasfondo social muy relacionado con el tema de este relato.*

■ Un poco de documentación

Entonces descubrí que toda aquella plantación de hongos estaba sembrada de cuerpos adormecidos por un narcótico hasta que la Luna tuviera necesidad de sus servicios. Los había por docenas y de todas clases; incluso pudimos darles vuelta y examinarles con minuciosidad (...) Recuerdo claramente que uno me causó profunda impresión, porque por un efecto de la luz y por su postura parecía un ser humano. Sus miembros anteriores eran unos tentáculos largos y delicados (...) y la actitud en que dormía indicaba un gran sufrimiento físico (...) Dar una droga a un trabajador innecesario y dejarle a un lado, es mejor que expulsarle de la fábrica para que ande hambriento por las calles. (**Los primeros hombres en la Luna,** de H. G. Wells, Plaza y Janés. Barcelona, 1971, págs. 170-171.)

PUEBLOS Y GENTES

Títulos publicados